JN418863

늙은 황야의 유혹

송석증 시집

문학의전당

프롤로그

데스밸리Death Valley…… LA에서 약 30마일, 자동차로 5시간 반이면 도착할 수 있는 곳이다. 대략 2억 년 전까지만 해도 바다 밑이었고 5천 년 전까지도 염수호였다. 지금은 해수면보다 282피트 낮고, 밑바닥은 아직도 1천 피트 두께의 소금층으로 된 메마른 사막지대이다.

차를 버리고 걸으면 금방 저승으로 굴러 떨어질 것 같은 더위 속에서 데스밸리에 가보았다. 도마뱀 한 마리가 무너져 내리는 시간을 뚫고 쉬지 않고 몸 움직여 전진하는 곳, 허허벌판이지만 신이 능력과 솜씨를 전시하는 박물관 같은 곳이기도 하다. 밤이 되면 달빛과 별빛의 적요만 감돌고 낮이면 햇볕과 더운 바람만 춤을 춘다.

自序

한 동리에서 오다가다 마주친 마을 처녀를 제 아내 알아보듯 잘 안다고 떠벌리는 난봉꾼처럼, 내가 데스밸리에 관해 시를 쓰는 일과 시의 언어로 데스밸리를 그린다는 것은 동네 난봉꾼 떠벌리는 만큼이나 가소롭고 떠죽거리는 일이 될 것 같다. 아직도 나는 데스밸리와 시에게 가는 길을 잘 모르므로.

그래도 어쩌랴. 사막에서 오아시스 찾아가듯 본국 문단의 찬란한 궁전을 바라보며 느린 낙타 등에 내 시를 지우고 건너온 지 12년 만에 다섯 번째 시집을 묶는다. 사막 속에 떨어진 모래알인 줄 알지만 모래알이 모여 사막이 되듯 하루가 쌓여 내 일생을 이룬 것을 어쩌랴!

대상이 행장을 꾸려 사막을 건너는 것은 목숨을 건 여행이다. 나는 지금 사막을 건너는 여행을 하고 있다. 사막에서는 모래와 선인장 외에 보이는 것이 없다. 그 안에 갇히면 고립감과 소외감, 사막을 떠도는 전갈처럼 외로움에 시달리게 된다. 사막 속으로 은둔한 사두처럼 내가 지은 고독의 모래성, 나는 그 안에서 눈물과 사투 중이다.

데스밸리의 창세 이후 오늘을 품고 있는 영구성을 보니 시간은 영원하며 그 안에 우주와 인생이 있다. 고요히 눈감고 앉아 역동적인 삶을 살아내는 사막에서 오늘의 내 언어는, 처녀 엉덩이같이 눈부신 모래언덕 혹은 인내의 화신인 선인장을 꿈꾼다. 낯선 무법자 코요테 되어 불볕에 달아오른 사막 같은 문단에서 허공을 맴도는 한 마리의 독수리로 날고 싶다.

제 시와 함께 사막을 건너가실 여러분! 정말 고맙습니다.

2009년 봄

Glendale 拯詩堂에서

鷄鳴 송석증

차례

1부 사막 길

2부 죽음의 계곡

3부 삶과 죽음

4부 가족과 이웃

1부

사막 길

가는 길

모래 위의 폭주족
네 발 오토바이
흙먼지 바라보며
아모르 아모르 내 연인 찾아간다

갑자기
눈앞에 활짝 열리는
장다리 사촌 유채꽃 군락
홀딱 반한 곁눈질에 차는 가리산지리산
느침 닦은 손등, 다시 힘주는 손목
꼬드기는 봄 길이었다

사막 배꼽 위 천막 치고 한둔했다
꿈길 감미로운 입술 적시고 있는데
정조준 된 순간 획 몸 뒤집는다
전전반측하다 깬 새벽
서리 덮인 웅덩이 살얼음 졌다
비련悲戀의 꿈길이었다
모래 날리는 날

곤장 맞은 볼기짝 같은
붉으락푸르락 성난 산판 돌아
하루에도 시시각각 변하는 모래언덕
모래 위 무늬와 능선 관찰하고 온 길
변화난측 인생길이었다

아지랑이 아롱아롱
바람결에 수런대는 모래밭
태곳적 파랑새 찾아
내 사랑 내 사랑 내 연인 찾아간다

테코파 온천 1

LA에서 동북쪽 250마일
세계에서 두 번째 명성 나 있는
사막 한가운데 자리한 테코파Tecopa 온천
만병통치 소문에 벌 떼처럼 몰려드는 인파

먼 옛날 인디언 추장 발견해
인디언 주민들 진료소로 사용했다는
역사와 전통 자랑하는 유서 깊은 곳
백약무효, 효험 보는 미네랄 약탕

욕탕 물에 온몸 잠기면
양수 속 들어앉은 태아가 된다
가고 싶던 그때 그 시절 되돌아온다
부드러운 물결 다시 한 번 생이 느긋하다

하늘엔 황홀한 별빛 헤이고
달빛 바다 물보라 치는 흰 무명 밭엔
선녀 날개옷 휘날리는 춤사위
출렁대던 사나이 한평생 고즈넉하다

테코파 온천 2

기억되지 않는 세상
어머니, 똘기 같은 나를 수태하사
열 달 길러내신 자궁 속 양수
이곳에 들어보니 알겠다
잠시 오던 길 지우고 무위에 드니
황야 중심에서 단절된 세상
비로소 세속과 멀어졌다는 안도감
사위는 고요하고 푸근해졌다
뜬금없이 밀려드는 외로움에
숨소리도 죽인 채 기어드는 절박감
혼자 있는 것이 왜 이리 두려운가
갑자기 내 목의 숨통을 쥔다
사막 속 사두*처럼 명상에 드니
필라멘트 끊긴 전구처럼 깜깜부지
기억하지 못했던
마르지 않는 온천수 같은 은혜
어머니 생각할수록
양수처럼 뜨거운 눈물만 흐른다

*사두 : 사막에 은둔해서 힌두교 도를 닦는 인도의 수행자를 일컫는 말. 인도의 쿠리 사막에 많이 있음.

사막에 들다 1

선인장 가시 면류관 얹고
홀랑 벗긴 채
태양의 용광로 십자가 아래
침묵의 고개 떨군 적막에 소름 돋는다
알몸 다 드러낸 채
오늘날도 창세기를 꿈꾸고 있는
모래밭에 들면 내 발길 자꾸 발목 빠지고
생각도 푹푹 모래에 묻혀 무릎 꺾는다
로마 병사의 채찍 맞은 자리 같은
저 붉은 산허리 드러난 상처 보니
아직도 선혈이 낭자한
내 영혼의 넝마 같은 죄 추레하고 수통하다
너무 고요하고 막막해 왈칵 머리칼 쭈뼛 서는
삼천오백만 년 전 황야
천국인지, 지옥인지
독수리도 선뜻 내려앉지 못하는데……
감히 시원찮은 내 시詩 한 수로 엮는다?
궤란쩍게 주접떨지 말 일이다
가만히 두 손 모우고
통곡의 회개를 하고 싶은
데스밸리여!

사막에 들다 2

낯선 여자 곁눈질하듯
발현한 호기심 끝 간 곳 없는
사발허통 사막의 매혹
숫처녀 산부인과 찾듯 내 발길 고양이 걸음이다
수목뿌리처럼 숨어 있는 요정처럼
보이는 것이 없는 여자
그 텅 빈 생멸의 세계
홀랑 벗어던진 채
질펀히 누워 태고의 원죄 말리고 있다
유혹에 나약해 뱀 대가리에 현혹당한 이브
금단의 선악과 그 먹음직스러움에
에덴 밖 죽음으로 내몰린 운명
그러나 오아시스 샘물 숲을 기르고
돌로 칠 뱀의 꼭뒤 품에 안는다
여행객의 호기好奇 기이한 미지未知로 남아
안개와 아지랑이 오색 주렴 드리우고
선인장 가시에 걸린 뭉게구름
피 흘리듯 노을 붉게 물들일 뿐
잘려진 본죄本罪에 대한 통곡은 없다
이승의 거대한 자궁
데스밸리여!

사막에 들다 3

너무 깊게 들어왔나요?
난생처음
언죽번죽 들어온 길
방향도 깊이도 모른 채
협곡 속에 갇혀버린 것 같아요
이제 그만 삐대고 돌아 나올지
아님 그대로 죽어야 하는지
생애 처음 경험한 처지
마약 취한 듯 주술 걸린 듯
몽롱해 우두망찰한 채 서버리고 말았다
언뜻 정신 가다듬고 보니
예가 인간 상상 초월한 태곳적 모습 간직한
사람의 발길 닿지 않던 협곡
갈대 군락지 보이고
오아시스의 샘물 생명 기르는 곳
어리마리 두 눈 뜬 채
고의춤 추스르고 돌아서는 발길
눈에 밟히는 백옥 같은 피부 하얀 모래
사보텐 가시 찔려 피범벅을 한 구름 떼
하룻밤 무야무지, 내 너를 다시 보기 지난하니

나의 슬픔을 들떼리지 마라
데스밸리여!

사막에 들다 4

하늘에서 내려와
날개옷 벗은 여인
자연스런 편좌(便坐)로
언제까지 보아도 주니가 나지 않는
백옥의 속살 내보이고 있는
저 눈모시의 눈부심이여!

사막에 들다 5

세계 사진가 발길 부르는
14평방마일 거대한 모래언덕
Sand Dunes*
지평을 바라보니 눈뿌리 아득하다
이 세상 눈뿌리 아득한 것이 어디 사막뿐이랴
어머니 사랑보다 더 넓은 지평을
나는 아직 본 일이 없다
날개 아래 자식 품은 우주적 사랑
쭈그러진 젖꼭지 어머니 가슴
낮이면 불볕더위
밤이면 시린 추위
한 생애 견딘 인고의 세월
가진 것 없는 빈 평원처럼
마른 나뭇가지 가난만 쥐고
오아시스 솟아오른 생명수처럼
사랑으로 기른 우리들 생명
철따라 불어오는 모래바람
쉼없이 다독이던 살림 솜씨로
만고풍상 다 겪은 상흔
바위 얼굴 깎이고 변색되고

산허리 패이고 피 흘리고
모래언덕 젖가슴 날리고 주름지고
이제는 살아온 시간이 절룩거리고 있다
선인장 가시 위에 날개를 접은
한 마리 멧비둘기 가엽게 떨고 있느니
가진 것 하나 없이 평생 내주기만 하더니
빈 사막이 된 우리 어머니
섭리에 순종만 하고 살아온
눈물과 인종의 자취뿐인
어머니 데스밸리여!

*Sand Dunes : 14평방마일에 달하는 거대한 모래언덕엔 해가 뜰 무렵과 질 무렵의 아름다운 광경을 잡기 위해 많은 사진가들이 몰려든다. 바람 때문에 시시각각으로 변하는 모래 위의 무늬와 능선을 관찰해도 시간을 보낼 가치가 충분하다.

그리운 인디언

코요테 울음에 젖은 달빛 먹먹하다
사보텐 가시처럼 뾰족한 창 거머쥐고
말굽 소리로 황야의 지축 울리던
붉은 땅 붉은 바위 붉은 얼굴의 주인들
순하고 순한 태고순민들 어디로 갔나?

평화를 추수하던 자연주의자들
시냇물 같은 가난과 창세의 소박한 마음
둥 둥 둥 차고 시린 새벽이슬 털고
그믐밤 하늘에 빌던 청순한 눈빛
하늘 우러러 한 점 부끄럼도 없던 태고지민

제 타작마당 모두 빼앗기고
사막의 물기 마르듯 어디로 증발했나?
철책 안의 동물처럼 총질해 쓸어 모아
머리카락 보인다 꼭꼭 숨긴 사람들
〈인디언 보호구역〉 울짱 안에 갇힌 수형자들

드잡이 한 번 못하고 갇힌 울분 드솟아
붉은 구름 놀 지고 퍼런 해길 빛 희미한 하늘

비수처럼 꽂혀있는 초승달
그 서슬에 겁먹은 코요테만 울부짖는다
휘영청 달빛 교교하다

낙타

여자들이 시집을 간다는 건
시집살이 이글거리는 태양 이고
방향도 모르는 길 없는 모래벌판에
터벅터벅 발자국 찍는 대상隊商의
멀고도 긴 막막한 행로난이다
물기 없는 팍팍한 궁색한 살림
허리 휘도록 등짐 진 낙타처럼
층층시하 시할머니부터 어린 시누이까지
그 무거운 노역 반추하던 시간
씹고 또 씹었던 모래 질근거리던 세월
그래도 앞만 보고 묵묵히 걷고 있는
낙타의 끈질긴 인내를 보면서
가도 가도 끝없는 사막 길 감내하신
가사노동의 낙타였던 어머니 생각했다
사막 기후 같은 시할머니 잔소리와 변덕
밤낮의 일교차 너무 심했다
집안에 뿌옇게 모래바람 부는 날
긴 속눈썹만 자주 끔벅거리셨다
자식들 키 훌쩍 넘기도록
앞을 가린 황사는 걷히지 않았고

아버지 소문만 마을에 짜했다
그래도 울 엄니 낙타 육봉처럼
자식 들쳐 업고 도道 닦듯 기도하듯
논 매고 밭 매고 발톱 빠지도록
한 뉘를 앞만 보고 걸어가셨던
낙타 같았던 우리 어머니
달빛 아래 제 그림자 베고 누운
선인장 가시에 피나던 새아씨
주름진 세월이 모래밭처럼 허허롭습니다

코요테

달만 보면 울부짖는
입 끝이 뾰족 여우를 닮은
귀 큰, 말승냥이 비슷한 작은 체구
빠른 질주력을 무기로
멧토끼, 작은 쥐, 염소, 면양, 닭, 등등
마구 포식하는 평원의 불한당
사시장철 회갈색, 황갈색 망토에
환한 대낮 황야 어슬렁거리는
뱃심 좋은 깡다구에
죽은 척 시늉하다 나는 새도 포획하는
지략까지 겸비한 슬기로운 야생
나도 젊은 한때 너를 닮아
먹이만 보면 군침 삼키던 껄떡이
작은 체구로 질주하던 건달이었다
이젠 소식 없던 친구들 바람결 부음 듣고
이 적막한 유형의 땅 말뚝 박은 나, 코요테 됐다
알래스카부터 중앙아메리카까지
넓은 지역 차지하고 번성하며
해질 무렵 악동처럼 모여 소동 치더니
덫, 엽총, 독살에 남획되어 멸종 위기 처한

달만 보면 울부짖던 처량한 신세
평원의 고독한 짐승이여!

방울뱀

허리춤 권총 차고
밤거리 휘젓고 다니는 무법자처럼
꼬리에 방울 달고
사막을 S자로 노 젓는 불한당
저주의 죄 값 배밀이로 다니며
세상을 뒤꿈치만 물어
가는 길 절게 하고 주저앉히는
끝내는 제 대가리 박살나는 재앙의 화신이여!
나도 이브의 굴을 통과해 세상에 왔노라
네 꼭뒤 돌로 치고 싶지만
함부로 갈대밭 컴컴한 구멍만 찾아다니던
네 두상 닮은 내 육신의 죄 생각하니
"죄 없는 자가 먼저 돌로 치라"* 예수 말씀에
어찌 너를 돌로 치랴, 부끄럽고 후회스럽구나
인간의 관용 믿고 너무 많이 대가리 휘젓지 마라
네 두상 같은 물건은 자제 못하면
소리 없이 다니며 불행의 씨앗만 뿌린다
갈라진 혓바닥도 조심해라
흰모래 위에 새긴 네 발자취
저저이 하늘에 보고되기 전에

*요한복음 제8장 7절

도마뱀

용광로 속 이글거리는 불꽃
사막 한가운데에
작은 도마뱀 한 마리
오체투지로 사구砂丘를 넘고 있다

오! 에덴에서 내쫓긴 즘생이여!

짜장! 산다는 건 밑절미가 오체투지 아닌가?

사막거북

중천에 솟은 해 바위 부수고 있다
발바닥 데일 것같이 잘 달군
모래밭, 사막거북 한 마리
바닥에 배腹를 끌며 가고 있다
에구구! 잘못 든 길인가 업장이 큰가
전생이 무엇이기에 오체투지
화엄지옥에서 고행을 하는지
누가 출생지를 선택하랴만
조상들 옛 설화 속에는
바다 속 용왕의 사자로 등장했던
상서로운 십장생 중 하나인
토끼 간 노리던 별주부 아니신가?
초열지옥 견디는 인내 가상하고
머리 꼬리 네 발 한꺼번에
감추는 재주 비상하구나
세상이 도무지 거북스럽기만 할 때
너의 재주를 나도 배우고 싶다
발더듬이로 느럭느럭 기어도
해 지기 전 모래톱 건너
목적지에 도달하는 끈기

이 세상 모래폭풍 불어올 때
사막 속 머리 사지 모두 감추고
땀 없는 인내로 견디며
한 세상 넘기고 싶다

사보텐 3

사막에 들 적마다 만나는 너를
가시투구 둘러 쓴 네 얼굴에
숫제 눈길조차 주지 않았다
그 옛날 풍문에 듣자하니
인디언 사내들 너의 살맛에 반해
황홀경에 빠졌다고 듣고 보니
다시 한 번 찬찬히 뜯어본다
미소도 헤프면 천해지는 법
헤벌쭉 벌린 여자보다는
까칠한 여자 더 매력적이듯
뭇 사내 앞에 가시 세워 경계하고
수십 년에 한 번 꽃술 내보이며
깊은 뿌리가 만든 통통한 살집에도
너의 깐깐한 성격이 흥미롭다
가시나무새 가시 찔려 피나는 사랑처럼
뜨거운 사막 질러 모래바람 거슬러서
뾰족한 사랑으로 화끈한 통정을
따끔한 포옹으로 혼절할 쾌감을
땀국 흘리며 한 판 펼쳐보고 싶다
얼음장 같은 인정 빙하 같은 세속 피해

땀띠 나는 세상 침묵하는 그대여!
놀빛 하늘 아래 초록 육체 자랑하며
고독한 서슬로 서 있는 그대여!
이 땅의 수채 같은 치졸한 치정 비웃다
건고乾枯한 외로움에 갇힌 그대 사랑
온전히 천하에 드러내고 싶다
건조한 사막 오아시스 숲을 자랑하듯

사막 길

사막을 자동차로 달리다가
바퀴를 모래 속에 빠져본 일 있는지?

숨바꼭질하느라 몸을 숨겼다
술래에게 들켜 담과 담 사이 빠져나오려고
비빗비빗 발싸심에도 빠지지 않는 비좁음
헤어 나오려고 하면 할수록
깊숙이 수렁논 빨려드는 기분
발목이 쑥 끼어드는 느낌

한 번 붙으면 피를 봐도 떨어지지 않는
미나리 밭 찰거머리 같은 여자
바투 잡아당겨 꼼짝달싹 못하는 진절머리
한사코 살을 부비며 붙들고 놓아주지 않는
빠지면 주저앉고 마는 수렁 같은 여자
그런 명기 그립다, 만나보고 싶다

넓고 넓은 사막 세상 많고 많은 모래알들
오늘 사막을 자동차로 달리다가
모래 속에 빠져보고 싶다

오도 가도 못하고 백골 되도록 서 있어야 하는
속궁합 딱 맞는 숙명의 구덩이 속으로
내 영혼 달걀 프라이가 되는

고스트 타운

2009년 삼월 한낮 15번 프리웨이
충혈된 눈, 구멍 난 지갑
열사의 땅 라스베가스 찾았다가
따라지신세 되어 내려오는 길
에라, 이왕지사 버린 몸
유령 읍에 들러 술이나 한 잔
꺾어보자, 핸들도 꺾어본다
마을이 온통 흥청망청이다
인구 육백 명 작은 읍내지만
산 아래 광구에서 금덩이
쾅 쾅 쾅 쏟아지고 있으니
기념품가게 미장원 이발소
식료품마켓 선술집 룸살롱
선남선녀 강아지 가로수까지 흥청거린다.
이왕이면 룸살롱이다
문 앞에 서니 덜컥 문이 열린다
왁자그르르, 왁자하다
구두 발소리만 들리고 사람들
하나도 보이지 않는다
천정에 매달린 램프등 흔들린다

거미줄 친 깨진 유리창 넘어
싸늘한 꽃샘바람 들어온다
의자에 앉자마자 누군가 어깨를 툭 친다
흠칫, 뒤돌아본다
오! 전라의 파란 눈 금발 아가씨
낮술 한 잔 걸친 듯 불콰한 볼따구
새빨간 립스틱 진한 농염한 입술
놀라지 마! 사람 영혼이야 영원하겠지만
1849년* 그 시절 그 옷이다
1917년** 이후 모두 삭아서 사라졌지
홀 안에 진동하는 수밀도 저 몸내
읍내 짜한 화냥기 눈매에 철철 넘친다
볼일 다 보았는데 뭐!
하룻밤 품에 안을까? 말까?
화려한 염문처럼 여인 뒤따라올까?
섬뜩, 등골이 오싹한다.
뒤돌아보니 그 여자 온몸이 털투성이다

*1849년 : 서부 개척 시대, 캘리포니아 골드러시 절정기.
*1917년 : 금광이 폐광한 해.

벌새

선인장 가시 끝에
날개 접은 벌새 한 마리

오! 가시 끝도 삶의 휴식처라니!

가시 끝에 걸린 뾰족한 생이여!
가시 면류관에 피 흘리는 인생이여!

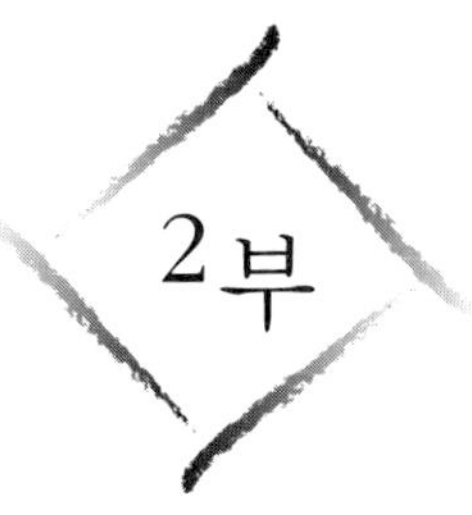

2부

죽음의 계곡

죽음의 계곡 1

사막에 갇힌
더위

황야에 박힌
소금밭

오롯이 가부좌 튼
정적

아! 상상 초월한 땅
데스밸리

죽음의 계곡 2

태곳적
역사 속에 바람 속에
잘못 명명된 이름 '죽음의 계곡'
한없이 바라보아도 주니가 나지 않는
하얗게 발가벗은 여인의 몸, 사막
탐스럽고 어여쁜 생명의 원천
가슴 여기저기 봉긋한 수십 개의 젖무덤
까만 젖꼭지에 매끈한 노브라다
크고 작은 산봉우리들
옛 홍수와 바람의 손길에 다듬어져
극심한 풍화작용이 빚어놓은 설치미술관
생명이 약동한다
목숨의 근본 되는 젖샘 줄기
수천의 생물이 살아가는 천지
그 누가 죽음의 계곡이라 호명했는지
여기저기 젖통이 내밀고 있는
여기는 생명의 계곡
데스밸리다

소금밭

역마차 바퀴 비걱대는 소리에
황야로 도망쳐 오던 열기가
모래밭 허리춤에서 다리 뻗고 주저앉는다
허공을 쓸던 열풍 문 닫아 걸고 참선하는 대지

약 2억 년 전까지 완전히 바다 밑에 있었다
여인 옷 벗듯 서서히 맨땅 드러내고
계곡의 내부 물 고여 호수로 있다
지나온 시간의 변화가 깨어나지 못한 잠 속으로 솟구치고 있다

아직도 해수면보다 282피트 낮은 최저지점
첫눈 내린 초등학교 운동장처럼
밑바닥 1000피트 하얀 소금밭 거칠고 딱딱한 껍질로
긴 여정의 닻 부드러운 모래 속에 밀어 넣고 있다

사막 건너온 모래바람 모래언덕 새겨 넣은 무늬처럼
역사 건너온 인간의 상상 밖 태곳적 바람
가난한 몽상가의 몽유를 초월해 펼쳐놓은 신기
처녀 알몸 같은 눈부신 모습 황당하게 기지개 펴고 있다

분화구

데스밸리 치부인가
젊어 한때 폭발한 자리
주변 온통 흙색이고
잡초마저 칙칙하다

천 년 전 어느 날
붉은 속 다 내보이고
이제 오는 발길 잦추는
홍합 벌린 듯한 땅 구덩이

지금은
천 년 전 흔적뿐
불빛 한 올 연기 한 줄 없는
검은 돌 웅덩이 시 한 줄 쓰지 못한다

호기심 채찍질 치며
먼 길 달려온 여행객들
민둥산 펑퍼짐한 빈 구멍
"쩝" 담배 물고 뒤돌아선다

미술가의 팔레트

굴곡 심한 얼굴 내밀고
무언가 할 말 있는 듯
츠렁바위 틈새로 안색을 드러내어
붉으락푸르락 흥분했는지 분노했는지
노랗게 질린 면상 제 막막함을 향해 기울어진 산
이억 년을 달려온 길 바라보는 소망 있었으리
먼 산 코요테 울음소리에 적막함 깨지고
밤하늘 별빛 속삭임에 단비 기대했지만
타박타박 막막한 먼지 나는 걸음에
바위로 굳은 마음도 변색될 수 있었으리
벼랑 마주하고 스스로 빰치는 모래바람
뜨거운 대지 아득한 지평선 사람들 바짝 당기고 있다

스코티스 캐슬

모래언덕 흐르는 소리에 어린 도마뱀 흠칫 놀라
달아나고 다리 쉬던 멧비둘기 창공으로 날아올랐다
먹이 찾는 코요테의 걸음 축축 늘어진다
단테스 뷰Dante's View 산봉우리에서 보이는 눈 들판 같은
묘막한 소금밭 눈 시려 짠물 흐른다
시카고 백만장자 허욕의 잔재로
황무지 지키고 서 있는 스코티스 캐슬Scotty's Castle
앞니 부서진 팔십 노파의 그것처럼 헤벌쭉 벌어진 창틀
주뼛주뼛 들여다본다
색 바랜 커튼 어둠 속 케케묵은 장롱 위 영욕의 먼지
켜켜이 쌓인 채 숨죽여 엎드린 방 안은 휘휘하다
창 앞 버티고 선 선인장 볕뉘가 흐리다

남근석

차이나 랜취China Ranch 가는 길
흙먼지 하늘 덮고 눈을 덮어
고양이 걸음으로 내려간 협곡 안
오아시스 샘물로 대추 기르는 곳

먼 옛날
빗물이 빗질해놓은 절벽 돌아
돌아오는 길
내려갈 때는 보이지 않던
천하 제일의 수락산 남근바위보다 큰
남근석 하나
화들짝 자랑거리 위용을 드러낸다

애 없던 인디안 여인들 애 녹이던
달밤 어루더듬어 어루다 혼절한
기막힌 사연 촘촘히 박힌
인디언 여인의 영혼을 결박하던 신神

천연하다

사막 바위

숨 막히게 뜨거운 이 벌판
살아남기 위한 치열한 경쟁의 전쟁터
가는 곳마다 가시 내밀고 서 있는
저 녹색의 미소 가증한 선인장들
도린곁 독메 위에 먹이를 노리며
잔뜩 도사리고 있는 산 사자
어두운 밤하늘 올올이 찢어
오싹 소름 돋게 하는
카요리* 독부毒婦의 울부짖음
언덕 사이 작은 짐승만 괴롭히고
피 묻은 입술 닦고 있는 조폭 살쾡이
잡히면 꼬리 자르고 줄행랑치는
사기꾼의 대부 도마뱀
타인의 뒤꿈치만 노리는 독이빨
개구리 발길 세우는 빨간 눈빛 방울뱀
늘어진 걸음 게으름의 상징
쩍 벌린 입 하품의 전도사 사막거북
수단과 방법을 배제하고 남의 피를 빨아
목적 달성만을 위한 자기만의 생
온갖 음모와 술수 계략의 대중선생

쥐새끼와 여우까지
별의 별 독수毒獸가 우글거리는 소란한 천지
온갖 위험 도사린 살벌한 정글
끝내는 부서져 하얀 모래가 되는 이 세상
오직 하나
굳은 바위로 앉아 햇살 이기고 있는
오늘도 남아서 침묵으로 증인이 되는
날마다 속을 굳히고 앉은 채
바람 불면 그 무게만큼 중심 잡고
눈비 오면 젖을 만큼 젖어 기울고
하늘 바라보며 살아가는 천성의 몸짓
큰 바위의 정직
오– 정직의 표상 사막 바위여!

*카요리 : 코요테의 미국식 발음.

하늘과 산과 달

빛이 사라진 창공
하늘에 구불텅한 선이 밑줄 친다

허공에 매달린 달빛
하늘과 산의 경계를 확정짓는다

달빛에 환해진 하늘
제 그림자로 어두워진 산
음양상균의 극치를 이루고 있다

신묘한 음영의 풍부한 묘사
어느 여인인가 누드로 춤을 추고 있다

밤무대 위에서 춤추는 무희들처럼
명암에 따라 색과 짓둥이가 변하는 산
어둠 속에서도 춤사위 역동적이다

달은 서산에 떨어지고
어둠은 또다시 하늘과 산을 덮었다
하늘과 산은 얼굴을 맞대고 있다

말없는 다정한 연인들처럼

무희는 사라지고 무대만 남았다

달빛

어둠 사라지자
보름달 떠오르기 시작했다
사막은 함묵한 채 괴괴하다

나를 좀 가려다오
땅바닥 기어가는 개미 떼들아!
달빛 칼날에 온몸에 상처입고 쓰러진다
월광에 지워진 가로등
향방부지 달밤에 길을 잃었다
나는 눈뜨고 일어서지 못한다
칼끝 같은 빛발 맞고도
사위四圍는 여전히 튼실하게 건재하다

나를 좀 변하게 해다오
밀물에 떠오는 달맞이에 축 처진 팜트리 잎새야!
달무리 빛살에 눈 시려 시력 잃고 쓰러진다
월색에 지워진 지평선
변화난측 월화月華에 약대藥袋가 증발했다
나는 내 몸무게를 가누지 못한다
쓰나미 같은 월야月夜에 빠져도

사물은 모두 다 양건陽乾 되어 건피乾皮 되었다

어둠을 살라먹은 음력 정월 보름 날
소리 없이 출렁대는 광란의 춤사위
황야는 침묵한 채 고자누룩하다

햇살과 사막

햇살이 쏘는 기총소사에
사막은 하얘졌다

지평 아득한 선 안에는
피할 수 있는 엄폐물 없다
반짝 반짝 반짝……
쉼 없는 작달비 같은 산탄

땀나기도 하고
따갑기도 하고
아프기도 하고
때론 온 천지 기진맥진하게 한다

아뿔싸! 이 일을 어찌한담,
살아남을 것이 없겠구나

빛 탄알로 잡초가 죽고
빛 탄우로 나무가 죽고
빛 총알로 물고기가 죽고
빛 포탄으로 호수가 마르고

빛 폭격으로 바위가 깨지고

1,496km 날아든 탄환에 맞아
빈사상태에 빠지는 사막
하지만 생명력 가시 돋은 선인장 키운다
나도 한여름철 사막 닮아
새까맣게 구워지는 몸
눈빛만 형형하게 빛을 발한다

전투의 시간 위에서 생명을 꽃피는 사막

사막의 봄꽃

겨우내
칙칙하던 시멘트 맨 벽에
토담집 초벽 새벽질해 덧바른 흙벽에
누가 저리 고운 꽃무늬 벽지를
도배질하셨는지

지난겨울
장대비 폭포수 둘러 세우던 산정호수 하늘
사막에 물 괴어 초목뿌리 동트게 했나
어찌 저리 고운 꽃 덤불 꽃 덤불을
장만해 두셨는지

바람이 시샘했나
꽃 대궁 흔들고 지나가는 모래바람아!
분지르지는 마시게 저 갸륵하고 애절한 모습
이 거칠고 메마른 세상 사막 땅에서
잎 열고 꽃 피는 미소 어찌 그리 쉬운 줄 아는가?

십자가 처형도 좋다
너를 용서할 수 있다면, 눈물 보일 수 있다면

진실로 진실로 내 품속에 안을 수만 있다면
피 칠갑한 벽에, 메말라 비틀린 뿌리에
꽃무늬 벽지 발라 꽃다발 걸어둘 수만 있다면

목숨은 고귀하다

사막 생물은 강철이다
사막의 고통은 달구어지는 데 있다
생령의 고난은 버티어 견디는 데 있다
단금은 단련을 단련은 생명을 지킨다

하루 한 번 겨끔내기를 하는 혹서와 혹한 사이
연금 망치질 견딘 연단된 생존자들
햇살과 바람이 허다한 나날 들이퍼부어
앙상한 뼈로 남은 1천 피트 두터운 소금밭

곧은 정신의 상징인 녹색기둥 곧추세우고
엄폐물 없어 의지할 데 없는 발가벗은 몸
갈급한 한 방울 이슬 투명한 새벽 밀려오는
저 태곳적 여명
휘트니 산 정상을 향해 두 마리 독수리
구름에 잠긴 노깃을 젓고 있다

메마른 세월이 숨쉬는 열풍으로 일어서는 대지
태양 숨겨둔 비밀금고 달칵 문 여는 소리에
금시 고개 내밀고 기지개 펴는 구백여 종의 생명체들

마른 슬픔 같은 돌무더기 사이 듬성한 야생초 미소

이 독한 열지熱地에서도 함부로덤부로 죽지 않는 고귀한 목숨들

이름

데스밸리
이름이 무겁다
죽음을 이고 선 고인돌 같다, 스톤헨지 같다
이 세상 생명치고 죽음의 받침대 없이
세워진 목숨 있는가?
꽃들이 명칭으로 아름다운가?
돼지 미모로 잡는 것 아니고 근수로 잡듯
세상에는 이름 귀해도 신분 천하고
호칭 천해도 자질이 귀한 것 성풍盛豊하다
이름이 성품을 규정하지 않는다.
제 성명 석 자 위하여
바람에 나부끼는 깃발처럼 나대는 사람들
밤하늘 유성 지는 뭇 별처럼 번쩍이는 사람들
로데오 끌려나온 수소처럼 날뛰는 사람들
사막 모래바람 된다 광야의 떠돌이바람 된다
그 누구의 이름도 한 번은 어두운 땅속에 묻힌다
무한한 세월 기다리는 맹아萌芽가 된다
작은 겨자씨라도 발아되어 떡잎 키우면
키 넘긴 초본 되어 뭇 새들 깃들이듯
이름에는 펄럭임도, 번쩍임도, 크고 작음도 없다

데스밸리
명불허전名不虛傳이다

3부

삶과 죽음

흙에서 흙으로

내 영혼의
십자가 쓰러지고
내 육신의
선악과 싹싹 먹었습니다

저 무한천공 위에
물한년 스스로 존재하신
나의 하나님

이 몸 물화物化되어 안착할 음부
언제쯤 열어주실는지요

기척 없는 땅
시름만 쌓아가고 있습니다

듣고 있나요 1

따지기 아지랑이 속
초목들의 숨가쁜
두레박 끌어올리는
도르래 소리 듣고 있나요

갈매 잎 덧칠하는
매미들 울음 속
과실들 종부돋움하느라
볼 발그레지는 소리
듣고 있나요

노을 녘 수평선 진 해가
동녘에 솟구치는 발기를
일찌감치 더뻑 치마 여는
파도 소리 듣고 있나요

한 포기 풀 한 그루 나무
주접 들어 도사리 안 되고
참새도 함부로 깃 꺾지 않는
능준히 햇살 퍼붓는 소리
듣고 있나요

듣고 있나요 2

볕뉘 좋은 날
탱자나무 울타리
자벌레 기지개 켜는
하품 소리 듣고 있나요

폭우 쏟아지는 밤
물 고인 논귀
올챙이 헤엄치는
물장구 소리 듣고 있나요

바람 부는 날
도래솔 더듬는 솔바람
바람의 간지럼에
자지러지는 홍소
듣고 있나요

이지러진 토담 위에
간지게 매달린 늙은 호박
하늘엔 하나님 계시니
들메는 소리 듣고 있나요

비우는 일 축복이다

비워내야 세상은 무엇이든 정화淨化된다
언제까지 던적스럽게 취생몽사 이어갈까

죽을 수 있다는 것
신神이 인간에게 베푸는 최상의 배려이다
죽지 않고 영원한 구들더께 된다면
하늘은 죄로 덮이고 복마전 될 것이다
신들의 이름은 우수수 낙엽이 될 것이다

여름철 무성하던 풀, 잘 썩어 퇴비가 되듯
세상에서 죄만 짓고 용삭鎔鑠되지 못한다면
죄로 덮인 지구가 견딜 수가 있겠는가?
하늘도 살고 지구도 살고 후손도 살고
이 한 몸 빈 독처럼 깨끗이 비워야 한다

내 몸 위에 풀 돋아나고 나무 자라고
줄기 뻗고 잎새 피우고 뿌리내려
꽃도 방긋 풀 향기 물씬 세상 맑아지리니
다시 한번 살고 싶은 욕망에
풀뿌리 나무뿌리 매달려 늘어지지 않을까

아서라 마서라 비워내야 한다
태어나고 죽는 일, 내 의지 무관한 불가항력
처음부터 확정된 길, 제대로나 도착하자 니르바나에
안개 걷힌 태양처럼 신의 축복을 감사하자
비우는 일 축복이다

나무

돌풍에 꺾어지는 가지
돌차간 막을 방도는 없다

가지 땅으로 쳐질 것이고
잎새 시나브로 변색되어 낙엽 될 것이다

초부樵夫 삭정이 자를 것이고
도끼 장작더미 쌓을 것이다

주변에 있던 들풀들 손 흔들어 작별 고하고
꽃들은 고개 숙여 조의를 표할 것이며
벌, 나비들 하늘로 날아오를 것이다

줄기 위로 오르내리던 다람쥐들
사랑과 평화를 빌어주고
잎새와 춤추던 바람 모르는 척 스쳐갈 것이다

하지만 밑 둥지 새싹을 키울 것이며
자연은 순환의 섭리로 감싸안을 것이다

자연, 두려움의 존재가 아니고
우리 안겨야 할 사랑의 존재다

지상의 삶은

이른 새벽 산책길
딱정벌레 한 마리 발랑 뒤집혀 있다
잠시 머물던 벌레 한 마리 떠났다
오래 멈출 수 없는 곳이 정거장이다

지상은 경부선 대전역이다
우동 한 그릇에 배 채우고 떠나야 하는
생명 영원히 먹을 수 없는 곳
산책길 잠시 땀 들인 휴게소

철새가 떠나는 곳은 부화된 곳 아니다
오고 가는 길 잠깐 다리 뻗은 도래지
종착역도 고향도 아닌 떠나야 할 간이역
임시 있는 역엔 역장도 역사도 없다

지상의 삶은 그렇다

내 청춘아!

사랑하는 내 청춘아!
해가 지면 눕자
양로병원 저 할멈처럼
현손녀가 밀어주는
휠체어는 타지 말자

명목瞑目

잠시 쉬었다 갑니다
답치기를 하던 이 세상에서
땀국 젖어 뛰던 발길 세우고 바라보는
빈 황야
순식간에 물드는 노을빛 사막 해거름 속에
가시 세우고 살던 오기
어둠에 묻어
가시 없는 그림자로
침묵한 채 무망務望을 식힙니다
일순간 머물다 갑니다

내 것

한 생애 살아오면서
내 것이라면
우빽지빽 답삭 품고
모두 모두 귀하고 소중하고 애착이 갔는데……

지금껏 살아오면서
수없이 만나봤지만
담담히 보내버린 건
그것은 모두 남의 것

어허 딸랑!
내 것이 오고 있다
귀하고 소중하고 애착이 가야 하는
와락 움켜잡아야 하는 내 것
하직!

나 지금 떨고 있니?

북망산

숨 가쁘게 달려온 북망산北邙山
와락 달려들어 안기고 보니
깨지락거리며 헤적헤적
느지막하게 오는 건데
그랬나보다, 후회하는 마음뿐
어둠에 묻혀 백골만 빛나고
침묵 속 멀뚱멀뚱 대화 없는 이곳
살맛 나지 않는 곳이네
모든 사람 한 꺼풀 벗기고 나니
여자인지 남자인지
도통 어느 여자 예쁜지 밉상인지
그 누가 지적知的인지 무지한지
거지인지 재벌인지
민중인지 권력자인지
알 길 없는 평등
심심하고 싱거운 세상이로다
배고팠던 삶 서러웠던 인생
아팠던 육신 한 많았던 가슴
억울했던 고비 고통스럽던 때
모두 모두 풀어져 아무것도

모르는 시간, 고개 없는 평지
간 없는 콩나물국 같은 맛없는 나날
방기하고 싶은 이 몸 자살하고픈 충동
다시 한번 오려나? 사랑할 수 있는 날
쨍 햇볕 아래 하루만 더 살 수 있다면
사랑하리라 나는 사랑하리라
금잔디에 들꽃 피고지고 멧새 우지지고
바람 가고 구름 가고 인생 가는 이생
오늘도 봄볕만 따뜻하네

죽음

기별하지도 않고 연락하지도 않고
까마득하게 잊고 살아도
문득 온다 너는
남들처럼 절뚝이거나 터덜거리거나
땅바닥을 헤적이며 해찰하며 오거나
소나기 만나 멈칫거리거나
떠내려간 다리 앞에 주춤거리거나
깊은 바다 빠져 쩔쩔매거나
츠렁바위 산 넘으려 헉헉거리거나
무언가 좀 거치적거치적
오는 길 더디 오면 좋으련만!
고속철보다 빠르게, 전투기보다 빠르게
쏜살보다 빠르게
벼락처럼 온다
그러매
무덤가에 피어나고
아예, 허리부터 굽어서 태어나나 보다
할미꽃

나, 떠난 뒤

내가 세상 떠난 뒤
새벽 앞마당 대추나무 위
까치 한 마리 울고 있다고
행여, 소식 올까 기다리지 마

우리 집 뒤곁 텃밭 가에
개나리 한 뿌리 심어 놓았으니
이른 봄 노란 꽃봉오리 피어나거든
혹시, 혼백이라 생각지는 마

허공중에 퍼져 사라진 울음소리나
꽃잎 되어 날아가 버린 꿈길이나
여린 겨울 햇볕 차가운 바람 한 가닥에도
참을 수 없는 간절함 펄럭일 테지만
세상 그리움 어찌 다 만지고 살아

까막까치 우지질 때 울지 마
노란 꽃잎 휘날릴 때 날리지 마
갈대로 흔들리는 당신 꺾이지는 마
믿으면 들리는 하늘말씀 귀 기울이면 돼

소풍

막내 딸 소풍 가기 전날 밤
김밥 물 과자 봉투 계란 등
손길 바쁜 어미의 종종걸음
그것도 부족한가? 쌈짓돈 꺼내
용돈까지 슬그머니 챙겨준다

큰자식 수학여행 떠나는 날
예쁜 잠옷 양말 손수건 잠바
여행가방 짐 꾸리기 여념이 없다
그것도 모자라는가? 비자금 꺼내
노잣돈까지 넌지시 쥐어준다

얘들아! 나도 소풍 간다
지금까지 세상에서 가지고 놀던
황금 명예 지식 권력 모두 꺼내놓고
어머니 나 세상 내려놓던 때같이
빨간 몸뚱발이로 허위허위 소풍 간다

실컷 놀다 지친 이 몸
이리 살아도 저리 살아도 허무뿐

건져 갈 것이 없는 이 세상살이
준비 없어 소풍 못 갈까 조바심 마라
북망산 오르는 길 끝은 낭떠러지다

고별이라 말하지 마세요

눈물이 흐를까
당신을 부르지 않았습니다
감정은 앉히고 이성은 세우세요
만물이 왔던 곳 되돌아가는 길
무에 그리 대수이겠습니까?

슬픔이 넘칠까
당신을 손짓하지 않았습니다
공포는 접으시고 평안만 펴세요
사나이 사람살이 황홀한 뒤안길
남은 것이 무에 있겠습니까?

실의에 빠질까
당신을 오게 하지 않았습니다
허탈하다 마시고 소망을 가지세요
덧없는 이 세상살이 떠나서
어머니 대지의 품에 안기는 것이니까요

절망에 누울까
당신께 기별하지 않았습니다

긴— 이별의 깃대 세우고 영원을 바라보세요
펄럭이는 부활의 축복, 약조한 믿음
천만 년 안식의 토양은 천국의 토지이니까요

고별이라 말하지 마세요

귀뚜라미

전등 끄고
누우니

샤워장에
귀뚜라미

귀뚤귀뚤
귀뚤귀뚤

선잠 깨워 귀를 울리거니
끝내지 못하는 울음으로
못다 씻긴 희뿌연 어둠 속
고향집 댓돌 아래도 귀뚤귀뚤
그 소리 따라 들어오는
가족들 얼굴, 얼굴, 얼굴
수묵으로 펼쳐 논 뒷동산 잡목 숲

귀뚤귀뚤
귀뚤귀뚤

밤새 울어도
쉬지 않는 목소리

꿈결 속 안아본
식구들 그리움

사랑과 평화

봄비 내리는 날
사람들에게 말할까 합니다
뽕나무 심고 청포도 거두려 엄두 내지 말고
고염나무 심고 연시 따려고 감히 생각 말라고
심은 대로 수확하게 되니까요

겨울비 오는 날
사람들에게 말해주려고 합니다
질투, 핍박 뿌려 사랑 추수할 수 없고
반목, 소요 부추겨 평화 정착할 수 없다고
사랑과 평화는 희생 제단의 꽃이니까요

사랑과 평화 댐 무너지듯 확 터지는 것 아니고
비 갠 오후 초가에서 떨어지는 낙숫물처럼
댓돌 구덩이 파고 추국으로 피었다가
해 진 뒤 늦추 밤하늘 별빛으로 떠오르는 것이라고

해 맑은 날
사람들에게 말하려 합니다
검은 안경 쓰고 어두운 세상 불평 마시고

붉은 안경 쓰고 피나는 세상 한탄 말라고
눈이 맑아야 영혼도 맑아지니까요

엉덩이가 수상하다

그리움과 사랑
간극의 거리 얼마나 되는지

요즘은 자주 눈물이 괸다
티슈로 찍어내고 안경을 닦아도
베개 돋우고 눈 지그시 감고 잠을 청해도
까마득한 옛일만 달빛에 묻혀 별빛만 돋아난다

지나간 날과 오늘 사이
이렇듯 뻥 뚫린 행길이 있다는 것이
두렵고 안타깝다

묵은 장일수록 제 맛을 내듯
사랑도 묵으면 그리움 되는지
사람의 정情과 연緣 사이 꼭짓점 어디쯤
풀 수 없는 매듭 엉키어 있는 사거리
주막 장명등 불나비 모이듯 언젠가 꼭 마주치는 운명이
내 발길 양 떼처럼 몰고 있다

시소처럼 기울 적마다 현실 누르고 있지만
왠지 자주 들썩이는 엉덩이가 수상하다

세상은 나로 인해

밤하늘이 아름다운 것은
이름 가진 몇 개의 별 때문이 아니고
이름 없는 수만 개 별빛 때문입니다

밤하늘이 아름다운 것처럼
세상은 나로 인해 아름답습니다

저승 입양

3월의 데스밸리는
미혼모 자식들 미국에 입양돼
잘 자라고 있는 것처럼
사막에서 봄꽃을 피우고 있다
오! 데스칸소 식물원
땅에 떨어진 동백꽃 슬프다
신문 읽던 손 뇌졸중에 손 떤다
내 심장 화산처럼 분출해
눈에서 붉은 용암 흘리고 있을 때
미 동부 황야에 검은 기둥 세운 토네이도
아이오와 주 아이오와 시
슈펠 일가족 참극 연출했네
3월의 데스밸리는 아직 피지 않은
이튼(10) 세스(7) 미라(5) 엘리너(3)의
꽃망울 모래바람에 묻어버리고……
미혼모 아이들 입양을 생각하면
신장 이식하고도 죽음 인정 못하는 나처럼
아이들 참극을 받아들일 수 없는 사람들처럼
한국의 10대 미혼모들 용서 안 된다
3월의 데스밸리는

그렇게 세상 허망함을 알리고 있고
세인트메리 교회 종소리가
자식 버린 미혼모와 하나님을
원망하는 슬픈 울음소리로 변하고 있다고
나는 생각했다

생일 하루 앞두고 숨진 미라야!
아! 내 심장은 왜 폭발할 것 같은지?

4부

가족과 이웃

닭

1945년 8월 8일 저녁 8시
나, 태어났다고
어머니가 일러주셨다

2008년 8월 8일 저녁 8시
복 넘쳐나는 날
중국인이 알려주었다

닭띠인 나
장닭처럼 새벽을 깨우지도 못했고
왕서방처럼 금덩이 모으지도 못했다

한평생
모이통, 물통 바닥 보인 적 없고
날개 젖은 날 없고 횃대에서 떨어진 일 없으며
살쾡이에 물려간 일 없고 발톱 빠진 일 없다

목 비틀리는 그날까지
꼬끼오!
감사합니다

사과

마트에서 사과를 사왔다
아침결에 먹는 사과는
건강식이 된다는 한의사 권유에
올해는 건강에 유념하리라
매일 아침 한 알의 사과로 다짐을 둔다
수돗물에 깨끗이 씻고 또 씻어
도마에 놓고 쩍 사과를 쪼개는데
또르르 새까만 씨앗이 8개 튀어나왔다
우리 어머니도 8남매 두셨는데……
이 사과 8개의 씨앗을 익히기 위해
얼마나 모진 세월을 헤쳐 왔을까?
봄 가뭄 들어 물기 마른 살림 쪼들리고
한여름 뙤약볕에 마음 새까맣게 태우고
처갓집 찾아오듯 해마다 오는 여름 태풍에
가지 찢기고 잎새 날리고 뿌리 흔들리고
쏟아 붓는 작달비에 속내까지 젖어
도사리 될까 조바심하던 한 시절
가으내 해충에 봉지 쓴 숨은 살림까지
고비 고비 넘긴 사과 볼 붉게 물들고
긴 한숨 눈물로 방울져 내릴 때

사과 속 켜켜이 익힌 슬픔
시고 새콤한 향기로 번져 입안에 퍼진다

플라타너스

한길 가로수로 서 있는
플라타너스만 보면
내 가슴
고물차 시동 걸리듯 통탕거린다

남들은 볼 수 없는
품 떠나는 자식 배웅하는 키 작은 그림자
눈물 삼킨 미소 보이며
지금도 여전히 손 흔들고 계시다

"행여 내 부음 들더라도 건너오려고 애쓰지 마라"
……………………………………………………………
네 몸 건강하고 잘살면 된다
…………………………………………예(들으셨는지?)

그 이듬해
장맛비 맞으며 가셨다는 기별 듣고도
비행기 표 살 돈 없어 장례식 못 간 불효
어머니!
억수로 흐르던 눈물

기막힌 슬픔 마르지 않은 오늘도
플라타너스 잎새 제 발등 덮습니다

지금은 김포 공원묘지에 계신 어머니

히비스커스

신새벽 문 나서는데
지난 밤 소리 없는 산통으로 지샌 히비스커스
가지 끝 화사한 주황색 꽃 한 송이 업고 있다
천사였을까
왕후였을까
공주였을까
전생이 얼마나 고왔으면 저리 고운
갑사치마 두른 꽃으로 태어났을까

아름다움 원래 부드러운 마음이라고
그럼
순박한 농부의 아낙
눈먼 할머니 모시던 소녀가장
미소로 고통 치료하던 백의의 천사

사랑은
남의 목숨 위해 나의 목숨 먹이 되는
순간의 짜릿한 희생
버마재비의 사랑

진통과 진땀 속에
고독한 통증의 뼈마디 살 찢어지는
희열 안은 까만 씨 한 톨을 위한 꽃

하늘에 계신 어머니 얼굴 환하게 웃고 계시다

바퀴벌레

나는 우리 집 바퀴벌레
찬장 구석구석 뒤지고 다니며
남아 있는 음식 잔밥 부스러기
삭삭 치우다
설거지한다
나 어릴 적 우리 집 바퀴벌레
어머니셨다
미처 깨닫지 못했던 미욱한 마음
머리칼 반백 넘어 이제야
죄송하고 애틋한 온고지정溫故之情
구석구석 찾아다녀도 가 닿을 부엌은 없다
온반으로 키운 자식 냉반 신세 되어
올려다본 보름달 어머니 얼굴
부끄럽습니다
외양간 횃대 오르려고 잦추는 닭 우는 소리 소란한데

다리미

울 엄니 쓰던 숯다리미 오르락내리락 길목마다
주름 가득하던 홑이불 곱고 매끄럽게 펴집니다
다리미 한복판에는 숯불 이글이글 타오르고

출렁거리는 홑이불 바다 파도치는 것 같습니다
푸른 물결 위로 똑딱선 하나 지나가는 것처럼
다리미 고물에는 곱고 매끄러운 물길 하나 생기고

타오르는 불꽃 사랑 가슴 복판에 담고 갑니다
세상 오물로 구겨진 골목 눈물의 씨앗 심는 것처럼
울 엄니 발자국 뒷배는 은혜의 숲 하나 일어서고

울 엄니 밀고 당기시던 숯다리미 숯불 꽃
철없던 시절 숯내 난다고 몽니 많이 부렸지만
숯불 없는 지금은 그리움의 불꽃만 타오릅니다

연어 1

아내가 저녁상에
연어구이를 올렸다
허! 내가 아는 놈 아닌가
나는 곧 한눈에 동향임을 알아보았다
내 고향
강원도 명주군 왕산면 대화실산
그 아랫마을 남대천에 살던 바로 이웃
너는 왜 언제 태평양을 건너왔는지
알라스카로 이민 와 고생 고생하다가
어찌하다 보니 여기까지 흘러왔노라고
그간 맘 고생이 더 많았다고
몸 고생이야 시간이 딱지 만들지만
맘 고생 아물어도 핏자국 선명하다고
생소한 물맛에 뼛속이 아렸다고
무지개 쫓던 아이들 산마루 앉아 건너편
산에 걸린 영롱한 빛 눈 시려 울었다고
천수답 자르르 윤기 흐르는 햅쌀밥
그렇게나 무척 식탐했다고
노르스름한 살색만 보아도
영락없는 한 동양 사람인데

타향에서 만나도 살 떨리는 법이거늘
남의 땅에서 이렇게 무작정 해후하니
가슴 떨려 할 말 잃고
젓가락 든 손 후들거려 멍청하게
주르륵 비린내만 풍기고 있다

연어 2

어머니 부음 듣고 비행기 타지 못했다
구멍 난 지갑, 피눈물을 흘린다
LAX에서 서울행 비행기는 이륙했다
나는 데스밸리의 모래언덕을 넘고 있다
갈증에 메마른 마음 바스라져 먼지 되고
어처구니없게 헤실바실 23년이 무너졌다
어머니는 나를 기다리셨다
뿌리 깊은 조국에서
가방 하나 달랑 들고 서둘러 이민 간
부초처럼 떠난 아들은 논귀의 피, 잡초였다
논김으로 자란 앤생이였다
켜켜이 손때 묻은 사진첩 펼쳐본다
무명 같은 어머니 손잡고 찍은
코흘리개 까까중이 씩 웃는다
슬픔이 옹이 져야 그리움 잎새 핀다
이제 가슴속의 그리움 못자리는
메말라버리고 말았지만 아들은
어머니를 모춤으로 논둑에 그대로 둘 수는 없다
사막 밤이슬은 사막식물을 기르고
알래스카 연어 떼 남대천을 향해 떠난다

아내 1

여느 사내들에게는 수많은 별처럼
민틋한 민패로 대수롭지 않은
많은 여자 중 하나에 불과해 보이겠지만
들나귀 같은 내 삶에 방울 달아준 여자

인연의 수레바퀴를 타고
내게 오신 유일한 여인이시네
산골 진달래처럼 피어나
비바람 천둥 속 그렇게 자라온 여자

꿈속에서조차 한 번도 뵌 일이 없는
만나기 전 소식조차 들은 일이 없는
낯설고 서름하여 거북스럽던 여자
별똥별처럼 내 앞에 선 인연의 여인

지금은 아이들 엄마가 되고
뱃사람처럼 검고 주름진 얼굴에
참새가슴 할딱이며 내 곁에 잠들어
내 가슴 울컥게 하는 몸집 작은 여인이여!

아내 2

당신은 나의 길이었네
일자一字로 곧게 뻗은 길이었네

답답한 돌밭길이었고
땀나는 모래 언덕길이었으며
비좁은 논둑길이었다가
휑 뚫린 행길 되었다네

낯선 길 익혀가는 길이었고
없는 길 발자국 찾아가는 길이었으며
젖은 길 말려가는 길이었고
가는 길 어깨동무하는 길이었다네

잡초가 무성했던 길
노루귀, 개불알꽃, 복수초, 얼레지
들꽃 향기 가득했던, 꽃잠 자러 가는 길
긴 긴 앞길에 가문의 튼실한 돌다리 길이었네

이엄이엄 가는 외길이었네

아내 3

더러운 속옷
아이들 기저귀 빨래하듯
하얗게 헹구어 주셨습니다

당신 눈물로 지은 밥
나는 아귀아귀 먹기만 했습니다

나는 당신 설한풍으로 할퀴고
당신은 꽃샘바람으로 꽃피웠습니다

나는 허물의 흔적뿐이지만
당신 씨앗으로 천 년 약속하셨습니다

내 추악한 영혼 위하여
성모 마리아 순종하듯
눈물로 말갛게 기도해 주셨습니다

함부로 하지 마라

함부로덤부로 하지 마라
이 육신, 네 것이 아니다
오는 길 가는 길 알지 못하니
함부로 취급할 존재 아니다

함부로덤부로 하지 마라
이 여자, 없으면 멸종할 것이다
천하고 귀하고 온갖 취급당하니
멋대로 대접할 맹추 아니다

함부로덤부로 하지 마라
이 영혼, 눈으로 보지 못한다
있는지 없는지 가늠조차 못하나
아무튼 유무간 생령이니라

함부로덤부로 하지 마라
이 예수, 자칭 인자人子 사후 신의 아들
십자가 처형 길 자진해 갔으니
누구나 선택할 취송翠松 아니다

지혜

병든 조개의 진주알

정직

급류 가운데 가부좌 튼 바위
모래바람에 버티는 뿌리 깊은 나무
물결에 휩쓸리지도 바람에 흔들리지도 않고
제 밑동뿌리로 견디고 지킬 수 있다

떳떳하고 당당하게 나설 수 있고
의연하고 굳센 모습 보일 수 있는
도저히 꺾이지 않는 기개는
이 세상 오롯이 곧은 길뿐

아버지 짯짯이 일러주셨습니다
이순耳順 건너 목숨 이어오는 동안
들었습니다
보았습니다
절대적인 힘 마르지 않는 깊은 뿌리

원초적 순수함 정직함이여!
아담과 하와는 벌거벗었으나
부끄럽지 아니하였다
그들은 선악과 먹은 후 옷을 입었습니다

의인의 길은 정직함에 있다

초라한 밥상

맹물에 동동 뜬 오이지 몇 개
김치 콩나물국 찬밥 말아 한 술 뜨는 초저녁
콩나물 대가리만 한 눈물방울
호수 수면 위에 겨울비 떨어지듯
밥그릇에 동그라미 동그랗게 물 무늬진다

김치 속같이 붉었던 내 젊음
냄비 속 김치 조각처럼 맹물에 헹구어져
끓고 넘치더니 콩나물 줄기인 양
가늘고 하얗게 꾸부러지더니
밥숟가락 위 곧고 길게 눕는다

고랑 돋우며 봄배추 키우던 봄밤
숲속 소쩍새 님 부르는 소리 구슬프던 날
새벽달 엷게 녹아 흐르는 넓은 풀고개
삽시간 먹구름 흐르고 나면
백사지 거친 들판 황무지 황토골 진다

맹물에 동동 뜬 오이지 같은 세상
김치 콩나물국 찬밥 말아 한 술 뜬 소마세월

태양처럼 타오르던 육신 지평선 아래 진다
그 육신 위해 밤낮 애쓰던 초라한 밥상 육신이여!
떠도는 넋처럼 가으내 자늑자늑 흔들리던 억새풀

아버지의 날

우체부 처진 어깨 타고
“Happy Father’ s Day”
분홍 봉투 속 잉크 냄새 후-욱
빳빳한 $100 지폐 한 장
딸아이 정성 받던 날
자카렌다 보랏빛 꽃 다 지우고
모 이앙한 지 한 달 된 벼
논바닥 짙은 녹색 물결치던 날
쇠먹이 지고 쇠풍경 소리에 발자국 겹쳐
저물녘 남루한 그림자 끌고 터벅터벅
집으로 오시던 아버지 그리워하던 날
배냇저고리 싸여 배냇짓하던
딸아이 고물거리던 입술 기억하던 날
오늘은 아버지 날이라고
고달픈 아버지 한평생 기억하자고
딸아이 보낸 효심 앞에
무너지는 가슴을
흐려지는 눈앞을
가 닿을 수 없는 마음을
가늠할 수 없는 그 보드레한 사랑을

보도 위 지던 보라색 꽃잎에 가늠해 보다가
여름 볕 키운 벼 포기에 가늠해 보다가
허위허위 북망산 오른 아버지 기억해 보다가
물씬 코 찌르는 배냇냄새
그 냄새 흠뻑 취하고 싶은 천성 앞에
나는 아버지 가슴을, 딸은 내 가슴을
똑똑똑 노크한다
누대 흘러가도 가 닿을 수 없는 부성父性의
대문 앞에서

알 수 없어요?

사막의 해는 왜
늦게 뜨고 빠르게 지는지
오차 없는 세월이 어이하여
아이들은 느리고 노인은 빠른지
알 수 없어요?
산불은 방수放水하면 꺼지는데
태양은 강물 닿아도 꺼지지 않고
믿음은 신념을, 신념은 신神을 양산하고
불신은 허무를, 허무는 허묘를 만드는지
알 수 없어요?
노전鹵田*의 뜨거운 햇빛 아래서
억수로 땀국에 젖어 걸어가기가
왠지 허전하고 땅때기 붙여먹는
인간행락 부질없는 듯 어색해지는지
알 수 없어요?
사막의 해가 왜
늦게 뜨고 빠르게 지는지
그 사연도 알지 못하는 내가
불러도 대답 없고
더듬어 휘저어도 만질 수 없는 신神

오도카니 앉아 그 이름 부르고 있는지
알 수 없어요?

*노전 : 소금기가 있는 메마른 땅.

이웃

내 어깨 맞대고 살던 이웃 아파트
젊은 가족 네 식구가
병든 아버지 임종 보기 위하여
황망히 도망치듯 서울로 떠났다

사람은 떠나가고 텅 빈 공간
발자국 손자국들 뒹굴던 빈방에
한나절 주뼛주뼛 들여다보고 섰던 해
황급히 떠나가고 초승달 빠끔히 내려다본다

나도 여장 꾸리고 준비해야겠지
손때 묻은 가구며 정들었던 사람들
신장 멈춘 육신하며 금계랍같이 쓴 가문 날들
이제 낙엽인 양 가벼이 흘러라 내버려두고

사람이 떠나면 빈방, 빈집, 빈 세상
떠도는 넋이냐 이내 푸른빛 자늑자늑 흔들리고
고색창연 고향집 더그매 쥐 소리 사라지고
어둠을 잦추는 해거름 길에 머언 산 그리매

● 해설 ●

죽음의 계곡에서 삶과 죽음을 생각하다

이승하(시인 · 중앙대 교수)

송석증 선생님께

잘 지내고 계십니까? 미주한국문인협회의 여러분들도 다들 잘 계시는지요? 지금 이 땅은 경제가 IMF 때보다도 더 어려운데 미국 경제도 불황에서 벗어날 기미를 좀처럼 안 보이고 있다고 하지요? 교민들의 생활도 많이 어려워졌으리라 여겨지는데 빨리 이 경제 한파가 끝났으면 좋겠습니다.

미주한국문인협회가 결성된 지도 어언 30년이 다 되어가는군요. LA를 중심으로 결성된 협회는 계간 『미주문학』을 올해 봄에 46호째 발간하면서 활발하게 작품 활동과 인적 교류를 하고 있는 것으로 압니다. 제가 송 선생님과 인연을 맺게 된 계기가 바로 『미주문학』이었습니다. 여러 해 계간평을 맡아서 쓰는 과정에서 선생님 시의 허물을 지적한 적이 있었고, 그 덕(?)에 미주한국문인협회의 초청으로 두 번 미국에 갔을 때 선생님을 뵐 수도 있었습니다.

선생님은 이번에 다섯 번째 시집 출간을 준비하면서 시집 원고를 제게 보내오셨는데 머나먼 미국에서 이렇게 열과 성을 다해 시작에 매진하고 있으니, 무사안일의 나날을 보내고 있는 제가 깊이 반성하게 됩니다. 그런데 『미주문학』에 계간평을 쓸 때 거의 매호 어느 한 분은 '데스밸리Death Valley'를 작품의 소재 혹은 공간적 배경으로 하여 시를 쓰는 것이었습니다. 저는, 데스밸리를 보고 온 이라면 그 인상이 무척 강해 시를 쓰지 않을 수 없나보다고 생각했습니다. 미국에 갈 때마다(고작 두 번이다였지만) 몇몇 시인이 저더러 데스밸리 안내를 해주고 싶은데 지금이 8월 한여름이라 안 되겠고, 다른 계절에 오면 꼭 보여주고 싶다고 하더군요. 그 이유를 물어보면 말로는 설명하기 어렵다, 직접 봐야지 알 수 있고, 가보면 엄청난 충격을 받으면서 시를 몇 편 꼭 쓰게 될 거라고 말해주는 것이었습니다. 그래서 데스밸리에 대한 궁금증이 한층 증폭되고 있던 터에 시집 원고를 읽어보니 한두 편이 아니라 태반이 데스밸리를 소재로 쓴 작품이네요. 이번 시집은 제목부터가 '늙은 황야의 유혹'이며, 제1부의 제목 '사막 길'은 데스밸리로 가는 바로 그 길이겠지요. 제2부의 제목은 아예 '죽음의 계곡'입니다. 자, 지금부터 선생님의 내면에 커다란 감명과 충격을 주었을 것임에 틀림없는 데스밸리로의 여행을 보내주신 시와 함께 떠나볼까 합니다.

데스밸리는 미국 캘리포니아 주 동남부에 있는 구조분지構造

盆地로, 남북 길이 225km, 동서 길이 8~24km에 달한다고 하지요. 북아메리카에서 가장 덥고 건조한 지역이며, 해수면보다 82m 낮은 지역도 있다고요. 여름 기온은 보통 50℃가 넘고 지표 온도가 88℃를 기록한 적이 있다고 합니다. 시집은 「가는 길」이란 시로부터 출발합니다.

모래 위의 폭주족
네 발 오토바이
흙먼지 바라보며
아모르 아모르 내 연인 찾아간다

갑가지
눈앞에 활짝 열리는
장다리 사촌 유채꽃 군락
홀딱 반한 곁눈질에 차는 가리산지리산
느침 닦은 손등, 다시 힘주는 손목
꼬드기는 봄 길이었다

—「가는 길」 제1, 2연

여기서 말하는 내 연인은 데스밸리겠지요. 연인을 만나러 차를 몰고 가는 길에는 유채꽃이 피어 있습니다. 선생님은 흙먼지 일으키는 모랫길에서 미국 청소년들이 모래 위를 달릴 수 있는 네 발 오토바이로 경주를 하며 노는 광경을 보았을 것입니다. 그들이 일으키는 흙먼지가 여행객들이 가는 길에까지 뒤

덮여 옵니다. 그러지 않아도 순탄할 리 없는 여행길입니다. "하루에도 시시각각 변하는 모래언덕"과 "곤장 맞은 볼기짝 같은/ 붉으락푸르락 성난 산판 돌아"서 가야 합니다. 그래서 그 길은 "변화난측 인생길"과 같습니다.

아지랑이 아롱아롱
바람결에 수런대는 모래밭
태곳적 파랑새 찾아
내 사랑 내 사랑 내 연인 찾아간다

—「가는 길」 제5연

하지만 바람결에 수런대는 모래밭 길은 이상하게도 소풍 전날 어린아이의 마음처럼 기대감에 부풀게 합니다. '태곳적 파랑새' 는 이상(향)일 터인데, 그는 내 사랑 내 연인이고 나는 그를 찾아서 "비련의 꿈길"을 달려갑니다. 데스밸리 가는 길에는 테코파 온천이 있습니다. 사막 한가운데에 자리한 테코파 온천에는 미네랄 약탕이 있는데 그 물에 몸을 담그면 만병이 다 낫는다는 소문이 나 인파가 벌 떼처럼 몰려든다고요? 그런데 선생님께서는 그 온천수에 몸을 담그고 어머니 양수 속에 있던 태아 때 생각을 하시는군요.

기억되지 않는 세상
어머니, 똘기 같은 나를 수태하사
열 달 길러내신 자궁 속 양수

이곳에 들어보니 알겠다
잠시 오던 길 지우고 무위에 드니
황야 중심에서 단절된 세상
비로소 세속과 멀어졌다는 안도감
(……)
기억하지 못했던
마르지 않는 온천수 같은 은혜
어머니 생각할수록
양수처럼 뜨거운 눈물만 흐른다

—「테코파 온천 2」 부분

모처럼 세속과 떨어져 푸근한 시간을 가지면서 선생님께서는 '진자리 마른자리 갈아 뉘시며' 키워주신 어머니 생각에 눈물을 흘리셨나 봅니다. 어머니에 대한 송가는 뒤에 가서 다시 읽어보기로 하겠습니다. 데스밸리로 가자면 사막을 한참 달려가야 합니다. 드넓은 데스밸리 자체가 사막을 포함하고 있기도 하겠지요.

알몸 다 드러낸 채
오늘날도 창세기를 꿈꾸고 있는
모래밭에 들면 내 발길 자꾸 발목 빠지고
생각도 푹푹 모래에 묻혀 무릎 꺾는다
로마 병사의 채찍 맞은 자리 같은
저 붉은 산허리 드러난 상처 보니

아직도 선혈이 낭자한
내 영혼의 넝마 같은 죄 추레하고 수통하다

—「사막에 들다 1」 부분

수목뿌리처럼 숨어 있는 요정처럼
보이는 것이 없는 여자
그 텅 빈 생멸의 세계
홀랑 벗어던진 채
질펀히 누워 태고의 원죄 말리고 있다
유혹에 나약해 뱀 대가리에 현혹당한 이브
금단의 선악과 그 먹음직스러움에
에덴 밖 죽음으로 내몰린 운명

—「사막에 들다 2」 부분

사막을 지나 데스밸리로 가면서 성경에서 읽은 내용을 떠올렸나 봅니다. 선인장의 가시를 보니 예수가 처형될 때 썼던 가시 면류관이 생각난 것이고, 사막의 붉은 산허리를 보고 로마 병사의 채찍을 맞으며 골고다 언덕을 걸어간 예수를 떠올려보기도 합니다. 황야는 너무 고요하고 막막해 머리칼이 쭈뼛 서는데, 천국인지 지옥인지 독수리도 선뜻 내려서지 못하는 험한 곳이어서 예수가 숨을 거둔 골고다 언덕이 생각난 것입니까? 사막은 아담과 이브가 쫓겨 내려온 곳이기도 합니다. 사막에 대한 묘사는 세 번째 시에서 보다 구체적으로 전개되고 있군요.

예가 인간 상상 초월한 태곳적 모습 간직한

사람의 발길 닿지 않던 협곡
갈대 군락지 보이고
오아시스의 샘물 생명 기르는 곳
어리바리 두 눈 뜬 채
고의춤 추스르고 돌아서는 발길
눈에 밟히는 백옥 같은 피부 하얀 모래
사보텐 가시 찔려 피범벅한 구름 떼

—「사막에 들다 3」 부분

사막은 죽은 땅이 아닌가요? 계곡에는 갈대 군락지가 보이고 오아시스에는 생명체들이 살고 있나 봅니다. 아, 그리고 사막에는 사보텐이 있지요. 이곳에서 마약 취한 듯 주술 걸린 듯 몽롱해 우두커니 서버리고 말았다고 했습니다. 사막은 "백옥의 속살 내보이고 있는/저 눈모시의 눈부심"(「사막에 들다 4」)을 자랑하기도 하지만 사막의 넓은 지평을 보고 "어머니 사랑보다 더 넓은 지평을/나는 아직 본 일이 없다"(「사막에 들다 5」)며 어머니를 느끼기도 했었네요.

쭈그러진 젖꼭지 어머니 가슴
낮이면 불볕더위
밤이면 시린 추위
한 생애 견딘 인고의 세월
(……)
가진 것 하나 없이 평생 내주기만 하더니

빈 사막이 된 우리 어머니

—「사막에 들다 5」 부분

자기희생의 생을 살아온 어머니와 인고의 나날을 보내는 사막을 동일시한 이 시는 사막에 인격을 부여했다는 데 의의가 있습니다. 테코파 온천에서도 느낀 어머니를 사막에 와서도 느낀 것이니, 선생님에게 있어 어머니가 어떤 존재인가를 새삼 느낄 수 있습니다. 모든 것을 포용하고 모든 것을 관용하고 모든 것을 사랑하는 거룩한 존재인 사막—그래서 「낙타」라는 시에서 "앞만 보고 묵묵히 걷고 있는/낙타의 끈질긴 인내를 보면서/가도 가도 끝없는 사막 길 감내하신/가사노동의 낙타였던 어머니 생각했다"고 표현하신 것이겠지요.

그래도 울 엄니 낙타 육봉처럼
자식 들쳐 업고 도 닦듯 기도하듯
논 매고 밭 매고 발톱 빠지도록
한 뉘를 앞만 보고 걸어가셨던
낙타 같았던 우리 어머니

—「낙타」 부분

주인이 시키는 대로 사막 길을 앞만 보고 묵묵히 걸어가는 낙타를 봐도 송 선생님은 어머니를 떠올립니다. 어머니에 대한 가슴 아픈 추억은 제4부의 시를 검토할 때 다시 말씀드리도록 하겠습니다. 낙타 외에도 이곳에서 서식하는 동물들을 형상화

한 시편들이 이어지고 있습니다. 「코요테」「방울뱀」「도마뱀」「사막거북」 등이 그것입니다. 이들 시에 대한 감상은 독자의 몫으로 돌리겠습니다.

이색적으로, 인디언의 운명을 슬퍼한 시가 한 편 있습니다. 이 척박한 사막지대에 살던 원주민 인디언은 다 어디로 간 것일까요?

평화를 추수하던 자연주의자들
시냇물 같은 가난과 창세의 소박한 마음
둥 둥 둥 차고 시린 새벽이슬 털고
그믐 밤 하늘에 빌던 청순한 눈빛
하늘 우러러 한 점 부끄럼도 없던 태고지민

제 타작마당 모두 빼앗기고
사막의 물기 마르듯 어디로 증발했나?
철책 안의 동물처럼 총질해 쓸어 모아
머리카락 보인다 꼭꼭 숨긴 사람들
〈인디언 보호구역〉 울짱 안에 갇힌 수형자들

—「그리운 인디언」 제2, 3연

사막의 원래 주인은 분명히 인디언이었지요. 평화를 추수하던 자연주의자들을 〈인디언 보호구역〉으로 내민 이들은 백인이었습니다. 백인은 인디언들을 짐승으로 취급, 총질을 해대며 철책 안으로 쓸어 넣었습니다. 죄도 없이 '울짱 안에 갇힌 수형자들' 의 삶을 살게 된 인디언들을 향한 동정적인 시선이 느껴지는 시입니다. 미국사회에서는 지금도 인디언에 대한 처우가 그렇게 나쁘다면서요?

가시나무새 가리 찔려 피나는 사랑처럼
뜨거운 사막 질러 모래바람 거슬러서
뾰족한 사랑으로 화끈한 동정을
따끔한 포옹으로 혼절한 쾌감을
땀국 흘리며 한 판 펼쳐보고 싶다
얼음장 같은 인정 빙하 같은 세속 피해
땀띠 나는 세상 침묵하는 그대여!

—「사보텐 3」 부분

사막의 선인장을 보고서 묘한 에로티시즘을 느껴보았던 것인가요? 사보텐은 가시가 여간 많지 않을 텐데 가시투성이 사보텐을 여인으로 보고서 농도 짙은 러브신을 연출해보고 싶은 충동을 느끼기도 했나 봅니다. 물론 상상 속에서지요. 자동차 바퀴가 사막에 빠졌을 때, 수렁논 깊숙이 빠져들게 하는 사막길의 속성을 체험하고는 "헤어 나오려고 하면 할수록" 사내를 더 깊이 빨아들이는 '名妓' 여자를 떠올려보기도 합니다.

한 번 붙으면 피를 봐도 떨어지지 않는
미나리 밭 찰거머리 같은 여자
바투 잡아당겨 꼼짝달싹 못하는 진절머리

한사코 살을 부비며 붙들고 놓아주지 않는
빠지면 주저앉고 마는 갯벌 같은 여자
그런 명기 그립다, 보고 싶다

—「사막 길」 제3연

이런 여자에게 걸려들어 신세를 망쳐버리더라도 그런 '죽고 못 사는' 사랑 한번 해보고 싶어 하는 마음이야말로 시인의 마음인 게지요. 멋있습니다. 사막의 봄꽃을 보고 쓴 다음과 같은 시는 사막에서 피어나는 꽃들의 생명력에 대한 감탄이요 예찬입니다. 데스밸리에는 선인장은 물론이고 염분기에 내성이 있는 골풀과 염습지식물이 자라고, 피클위드도 피어난다고 합니다. 메스키트는 사료로 쓴다고 하지요. 크레오소트 관목은 사력층 선상지에서 번성하고, 고도가 낮은 지역에서는 사막호랑가시나무가 자라는 걸로 알고 있습니다. 사막 야생초들도 봄에 비가 좀 오면 눈부시게 피어난다고 했습니다.

바람이 시샘했나
꽃대궁 흔들고 지나가는 모래바람아!
분지르지는 마시게 저 갸륵하고 애절한 모습
이 거칠고 메마른 세상 사막 땅에서
잎 열고 꽃 피는 미소 어찌 그리 쉬운 줄 아는가?

—「사막의 봄꽃」 제3연

사막에서 "잎 열고 꽃 피는 미소"를 보여주는 식물들은 끈질긴 생명력으로, 자연환경과의 투쟁을 통해 생명을 보전하고 있음을 선생님은 알고 계시는군요. 우리 인간도 저 사막의 봄꽃에게서 생존을 위해 부단한 노력하는 생명력을 배워야 하거늘. 사막에서 살아가는 900여 종 생명체에 대한 감탄은 「목숨은 고귀하다」에서 절정을 이룹니다. 백과사전을 찾아보니 미국 데스밸리에는 영양다람쥐 · 캥거루쥐 · 데저트우드쥐를 비롯한 설치류와 토끼들이 서식하는데 이들을 잡아먹고 사는 것들로 코요테 · 킷여우 · 스라소니 등이 있다고 합니다. 소규모 양 떼가 종종 보이는데 그중 큰 놈들은 데스밸리가 원산지인 사막큰뿔양이라고요. 탐광자와 광부들이 버린 당나귀가 야생에 적응하여 야생당나귀가 되고, 종수가 늘어나면서 풀을 먹어치워 다른 초식동물을 위협하고 있다고 하네요. 조류만 78종이 조사되었다니 900여 종 생명체가 있다는 것이 틀린 말이 아닐 듯합니다. 엄청나게 많은 까마귀 중에서 목쉰소리큰까마귀라고 있다는데 혹시 그 울음소리를 들어보셨는지요?

> 메마른 세월이 숨쉬는 열풍으로 일어서는 대지
> 태양 숨겨둔 비밀금고 달칵 문 여는 소리에
> 금시 고개 내밀고 기지개 펴는 구백여 종의 생명체들
> 마른 슬픔 같은 돌무더기 사이 듬성한 야생초 미소
> 이 독한 열지熱地에서도 함부로덤부로 죽지 않는 고귀한 목숨들
>
> —「목숨은 고귀하다」 마지막 연

900여 종 생명체들에 대해 경외심을 갖는 이유는 그렇게 독한 태양열과 지열을 받으면서도 "함부로덤부로 죽지 않는" 생명력 때문이겠지요. 낱낱의 생명체에 대해 "고귀한 목숨들"이라는 경외심을 표하면서 이윽고 당도한 곳—바로 데스밸리입니다.

제2부는 데스밸리에 도착해 그곳을 눈으로 보고 가슴으로 느낀 것을 묘사한 부분입니다. 첫 번째 시가 죽음의 계곡을 일목요연하게 보여줍니다.

사막에 갇힌
더위

황야에 박힌
소금밭

오롯이 가부좌 튼
정적

아! 상상 초월한
데스밸리

—「죽음의 계곡 1」 전문

제1연은 데스밸리의 높은 기온을, 제2연은 이곳이 예전에는 바다여서 지금도 소금밭임을 말해주고 있습니다. 제3연은 인적이 없어 정적만이 감도는 대자연의 모습을 보여주고 있고, 제4연은 상상을 초월한 곳이라고 감탄하는 부분입니다. 흔히 하는 말로 '입이 딱 벌어지는' 광경을 보았나 봅니다. 이어지는 시는 데스밸리에 대한 보다 구체적인 묘사입니다. 사막은 "한없이 바라보아도 주니가 나지 않는/하얗게 발가벗은 여인의 몸"으로 느껴지고, 크고 작은 산봉우리들은 "옛 홍수와 바람의 손길에 다듬어져/극심한 풍화작용이 빚어놓은 설치미술관"(「죽음의 계곡 2」)으로 느껴집니다. 데스밸리의 암벽들은 바다 밑에서 발견되는 수성암으로 이루어져 있다는데, 그것을 보면 바다였던 곳이 지각작용으로 융기한 것임을 알 수 있습니다. 그래서 일대가 온통 소금밭인 게지요.

> 아직도 해수면보다 282피트 낮은 최저지점
> 첫눈 내린 초등학교 운동장처럼
> 밑바닥 일천 피트 하연 소금밭 거칠고 딱딱한 껍질로
> 긴 여정의 닻 부드러운 모래 속에 밀어 넣고 있다
>
> —「소금밭」 제3연

인용한 부분에 잘 드러나 있듯 오랜 세월의 풍화와 침식으로 움푹 팬 곳에 펼쳐져 있는 소금밭…… 그 풍경이 황량하고 삭막하긴 하겠지만 얼마나 장관일까요. 산 암벽들의 색깔은 한두 가지가 아닌지 「미술가의 팔레트」에서 "붉으락푸르락 흥분했는지 분노했는지/노랗게 질린 면상 제 막막함을 향해 기울어진 산"이라고 참 절묘하게도 묘사했습니다. 분화구를 다룬 시를

그냥 지나칠 수 없네요.

데스밸리 치부인가
젊어 한때 폭발한 자리
주변 온통 흙색이고
잡초마저 칙칙하다

천 년 전 어느 날
붉은 속 다 내보이고
이제 오는 발길 잦추는
홍합 벌린 듯한 땅 구덩이

—「분화구」 제1, 2연

화산 활동을 통해 바다가 육지가 된 것일 테니 분화구가 있게 마련이지요. 사진을 보니 꽤 큰 모양인데, 실제 크기는 감을 잡기 어렵습니다. 사람들은 호기심으로 달려와서 보고는 "민둥산 펑퍼짐한 빈 구멍"이라 실망을 하기도 하나 봅니다. 데스밸리에 가서 볼 수 있는 것들, 예컨대 「스코티스 캐슬」 「남근석」 「사막 바위」 같은 것도 세심하게 관찰하여 시로 새겼습니다. 그리고 데스밸리를 둘러싸고 있는 자연 풍경을 보고 「하늘과 산과 달」 「달빛」 「햇살과 사막」 등을 씁니다. 제2부의 마지막 시는 '데스밸리' 라는 이름에 대한 명상입니다.

데스밸리

이름이 무겁다
죽음을 이고 선 고인돌 같다 스톤헨지 같다
(……)
작은 겨자씨라도 발아되어 떡잎 키우면
키 넘긴 초본 되어 뭇 새들 깃들이듯
이름에는 펄럭임도, 번쩍임도, 크고 작음도 없다
데스밸리
명불허전名不虛傳이다

—「이름」 부분

데스밸리라는 이름을 붙인 이는 당연히 인디언이 아니라 백인이었지요. 1849년, 동부에서 서부로 가는 이주 개척민들이 이곳을 통과하면서 엄청난 고통을 겪었습니다. 사람도 많이 죽었을 것입니다. 금광이 있다는 소문이 개척민들을 끌어들인 것은 아닌지 모르겠습니다. 금광 발견 여부는 잘 모르겠고, 1880년대에 붕사광硼砂鑛이 발견되어 이 일대는 붕사 개발의 중심지가 되었다고 합니다. 그 명성 그대로 여기에 와보니 바로 죽음의 계곡이더라는 말로 제2부는 끝납니다.

데스밸리를 보고 와서 선생님은 삶과 죽음에 대해 평소보다 더 많은 것을, 또 더 심각하게 생각하게 되지 않았을까요. 그래서인지 제3부의 제목이 '삶과 죽음' 입니다.

내 영혼의
십자가 쓰러지고

내 육신의

선악과 싹싹 먹었습니다

저 무한천공 위에

물한년 스스로 존재하신

나의 하나님

—「흙에서 흙으로」 제1, 2연

데스밸리에 다녀와서 선생님 자신이 유한자임을 더욱 뼈저리게 느꼈고, 창조주인 신의 존재를 더욱 절감했기에 이 시를 쓴 것이 아닐까요? 제3부의 이런저런 시에서 '하나님' 이나 '신' 에 대해 말씀하시는데, 이것도 광활한 대자연을 보고 자신의 왜소함을 더욱 뼈저리게 느낀 결과가 아니겠습니까.

이지러진 토담 위에

간지게 매달린 늙은 호박

하늘엔 하나님 계시니

들메는 소리 듣고 있나요

—「듣고 있나요 2」 마지막 연

태어나고 죽는 일, 내 의지 무관한 불가항력

처음부터 확정된 길, 제대로나 도착하자 니르바나에

안개 거친 태양처럼 신의 축복을 감사하자

—「비우는 일 축복이다」 부분

이지러진 토담 위에 간지게 매달린 늙은 호박도 예사롭게 보이지 않습니다. 보이지 않는 손길이 닿아서 싹이 나고 잎을 틔우고 호박을 키우고…… 생명체의 생명현상이 어찌 저절로 일어나는 일이겠는가, 무에서 유가 창조될 수 있단 말인가, 하고 생각한 선생님은 태어나고 죽는 일도 내 의지와는 무관한 불가항력이라고 고백합니다. "제대로나 도착하자 니르바나에"는 불교적 용어이기는 하지만 신의 예정조화로 삼라만상이 운용되는 것에 대한 깨달음이 담겨 있고, "안개 거친 태양처럼 신의 축복을"은 신에게 늘 감사해야 한다는 기독교인의 신앙심의 발로가 아닌지요. "이 한 몸 빈 독처럼 깨끗이 비워야 한다"는 비움의 철학도 데스밸리 여행 이후에 가지게 된 것이라 여겨집니다. "지상은 경부선 대전역이다"라는 시행은 재미있기도 하고 의미심장하기도 합니다.

지상은 경부선 대전역이다
우동 한 그릇에 배 채우고 떠나야 하는
생명 영원히 먹을 수 없는 곳
산책길 잠시 땀 들인 휴게소

—「지상의 삶은」 제2연

지상에서의 삶이란 대전역에 잠시 내려 우동 한 그릇 후딱 먹고 일어나는 시간처럼 짧고 덧없는 것이라는 말이지요. 시간의 흐름을 누가 막을 수 있단 말입니까. 사회적 강자에게도 약자에게도, 부자에게도 빈자에게도, 식자에게도 무식자에게도,

운동선수에게도 병자에게도 공평하게 주어지는 것이 시간입니다. 일찍 죽지 않는다면 그 모든 인간에게 노쇠와 병마는 찾아오게 마련이지요.

사랑하는 내 청춘아!
해가 지면 눕자
양로병원 저 할멈처럼
현손녀가 밀어주는
휠체어는 타지 말자

—「내 청춘아!」 전문

늙고 병들었을 때 누구의 도움을 받으며 목숨을 부지하는 것보다는 잠자리에 들었다가 숨을 거두는 것이 백 번 낫지요. 하지만 이런 소망이 이뤄지는 사람은 드물고 그런 사람은 그야말로 천복을 타고난 것입니다. 그리고 생명에 대한 애착은 "순식간에 물드는 노을빛 사막 해거름 속에/가시 세우고 살던 오기"(「명목」), "와락 움켜잡아야 하는 내 것"(「내 것」) 같은 구절에 잘 나타나 있습니다. 가버린 청춘을 아무리 아쉬워한들, 내 것에 대한 집착이 누구보다 강한들, 저승사자가 찾아오는 것을 막을 수는 없습니다. 때가 되면 반드시 죽어야 하는 것이 우리 유한자의 정해진 운명임을 선생님은 이제 담담히 받아들이고 있습니다.

기별하지도 않고 연락하지도 않고

까마득하게 잊고 살아도
문득 온다 너는

—「죽음」 부분

까막까치 우지질 때 울지 마
노란 꽃잎 휘날릴 때 날리지 마
갈대로 흔들리는 당신 꺾이지는 마
믿으면 들리는 하늘말씀 귀 기울이면 돼

—「나, 떠난 뒤」 부분

죽음에 대한 이러한 명상은 삶에 대한 반성을 촉구합니다. 어차피 죽게 되어 있는 것이 정해진 인생길이라면 지금 이 시간을 어떻게 사는 것이 중요하지 않겠습니까. 그래서 선생님은 '사랑하겠다' 고 맹세합니다.

쨍 햇볕 아래 하루만 더 살 수 있다면
사랑하리라 나는 사랑하리라
금잔디에 들꽃 피고지고 멧새 우지지고
바람 가고 구름 가고 인생 가는 이생
오늘도 봄볕만 따뜻하네

—「북망산」 끝부분

아마도 사랑할 첫 번째 대상은 내 주변 사람들, 그 다음이 내 주변의 자연과 사물이겠지요. 죽음을 인식하면 할수록 삶을 더욱 보람차게 영위할 수 있으리라는 선생님의 말씀에 전적으로 동의합니다. 「소풍」「고별이라 말하지 마세요」「귀뚜라미」「사랑과 평화」「저승 입양」 등도 어떻게 살아야 할 것인가와 어떻게 죽음을 준비할 것인가가 다른 게 아니라는 믿음이 낳은 시편이라고 생각합니다. 제3부 후반부의 시편 가운데 눈에 확 들어오는 시가 있습니다.

밤하늘이 아름다운 것은
이름 가진 몇 개의 별 때문이 아니고
이름 없는 수만 개 별빛 때문입니다

밤하늘이 아름다운 것처럼
세상은 나로 인해 아름답습니다

—「세상은 나로 인해」 전문

그렇지요, 내가 있어서 밤하늘의 저 별들이 있는 것입니다. 내가 세상에 빛을 뿌리는 존재가 되느냐 빛을 빨아들이는 블랙홀 같은 존재가 되느냐는 내 의지에 달린 것이지요. 내 비록 이름 없는 별처럼 무명의 시인이지만 내가 저 이름 없는 별들의 아름다움을 노래한다면 밤하늘은 나로 말미암아 아름다워질 수 있는 것입니다. 그런 의지와 소망으로 우리는 남은 인생을 살아가야 하는 것입니다.

제4부의 '가족과 이웃'은 제목이 이미 많은 것을 말해주고 있습니다. 사모곡과 아내에게 바치는 노래 등이겠지요. 매일

아침 건강식으로 먹는 사과에서 또르르 새까만 씨앗이 8개 튀어나온 날, 선생님은 어머니 생각이 났었나 봅니다.

> 우리 어머니도 8남매 두셨는데……
> 이 사과 8개의 씨앗을 익히기 위해
> 얼마나 모진 세월을 헤쳐 왔을까?
>
> —「사과」 부분

이어지는 내용은 어머니가 어떤 세월을 헤쳐 왔는지에 대한 설명입니다. 8남매라면 20년 세월은 족히 아이를 낳고 키우는 데 바쳤을 것입니다. 그 과정을 선생님은 농부가 사과나무를 잘 가꿔 사과를 수확하는 것에 빗대면서 전개시키고 있습니다. 「플라타너스」라는 시에서는 "장맛비 맞으며 가셨다는 기별 듣고도/비행기 표 살 돈 없어 장례식 못 간 불효" 하면서 스스로를 책망하고 있습니다. 「연어 2」에서도 이민생활 23년 동안 제대로 찾아보지 않다가 임종도 못 지키고 뒤늦게 서울행 비행기를 탄 자신을 반성하고 있습니다. 그때 정말 그랬었던 것이겠지요. 이 두 편은 어머니의 임종을 못 지킨 한이 쓰게 한 시라고 생각합니다. 선생님은 어머니를 가지 끝 화사한 주황색 꽃을 한 송이 피운 히비스커스에게서 느끼기도 하고, 찬장 구석구석 남은 음식 잔반 부스러기를 삭삭 먹어치우는 바퀴벌레한테서 느끼기도 합니다. 어머니를 떠올리면 숯불을 피워 그 열기로 옷을 다리던 고물 다리미 생각이 나지 않을 수 없지요.

울 엄니 밀고 당기시던 숯다리미 숯불 꽃
철없는 시절 숯내 난다고 몽니 많이 부렸지만
숯불 없는 지금은 그리움의 불꽃만 타오릅니다

—「다리미」 마지막 연

매캐한 냄새가 난다고 멋모르고 불평을 발하던 자신 역시 지금 생각하니 후회가 되는 것입니다. 어머니에 대한 그리움이 가슴에 사무치는 것입니다. 돌아가신 어머니에 대한 이런 그리움의 시편에 이어지는 것은 아내에 대한 고마움을 고백하는 시편입니다.

지금은 아이들 엄마가 되고
뱃사람처럼 검고 주름진 얼굴에
참새가슴 할딱이며 내 곁에 잠들어
내 가슴 울컥하게 하는 몸집 작은 여인이여!

—「아내 1」 마지막 연

나는 당신 설한풍으로 할퀴고
당신은 꽃샘바람으로 꽃피웠습니다

—「아내 3」 제3연

이민생활의 모진 고통을 함께 나누며 살아오는 동안 뱃사람처럼 검고 주름진 얼굴이 된 아내에 대한 고마움과 안타까움이 묻어 있는 시입니다. 미국으로 데리고 와 고생만 실컷 시킨 미

안함이 느껴지는 이런 시에 공감하는 한국 남성분이 많으리라 여겨집니다.

이어지는 시편에는 선생님의 과거지사와 현재의 삶의 모습이 투영되어 있습니다. 「초라한 밥상」과 「아버지의 날」에서는 고국에서 보낸 지난날들의 모습에 대한 사실적인 묘사에 집중하고 있습니다. 「한탄하다」에는 이민생활의 어려움이 녹아나 있습니다. 이들 시편에 대한 감상은 줄이도록 하겠습니다.

자, 이렇게 하여 저는 선생님이 근년에 쓰신 69편 시를 주마간산격으로 읽어보았습니다. 저도 한 명 독자일 따름이니 시의 면면을 제대로 파악하지는 못했을 것입니다. 제가 못 본 부분을 읽어내는 현명한 독자들이 있으리라 생각합니다. 한국에서 발간하게 되는 이번 시집이 한국은 물론 그곳 미주 문단에서도 많이 읽히기를 바랍니다. 한국에서 교육을 받을 만큼 받고 간 이민 1세대나 1.5세대는 물론이거니와 한글을 잘 모르는 2세대가 이 시집을 읽기를 저는 바랍니다. 이번에 내는 송석증 선생님의 시집에는 정말 좋은 우리말이 소복하게 나옵니다. 몇 개 예를 들어볼까요.

느침 : 끈적끈적하고 길게 흐르는 침.(「가는 길」)

똘기 : 채 익지 않은 과실.(「타코파 온천 2」)

수통하다 : 부끄럽고 분하다.(「사막에 들다 1」)

궤란쩍다 : 행동이 건방지거나 주제넘다.(「사막에 들다 1」)

사발허통 : 주위가 막힌 곳이 없이 휑하게 터져 매우 허전함.(「사막에 들다 2」)

언죽번죽 : 조금도 부끄러워하는 기색이 없고 비위가 좋아 뻔뻔한 모양.(「사막에 들다 3」)

어리마리 : 잠이 든 둥 만 둥한 모양.(「사막에 들다 3」)

들떼리다 : 남의 감정을 건드려 덧나게 하다.(「사막에 들다 3」)

주니 : 1.몹시 지루함을 느끼는 싫증. 2.두렵거나 확고한 자신이 없어서 내키지 아니하는 마음.(「사막에 들다 4」)

눈모시 : 잿물에 담갔다가 솥에 쪄 내어 빛깔이 하얀 모시. 백저白苧.(「사막에 들다 4」)

밑절미 : 사물의 기초가 되는, 본디부터 있던 부분.(「도마뱀」)

츠렁바위 : 험하게 겹쌓인 큰 바위.(「미술가의 팔레트」)

짓둥이 : 몸을 놀리는 모양새를 낮잡는 뜻으로 이르는 말.(「하늘과 산과 달」)

겨끔내기 : 어떤 일을 번갈아 하는 상태.(「목숨은 고귀하다」)

더뻑 : 앞뒤를 헤아리지 않고 마구 행동하는 모양.(「듣고 있나요 1」)

도사리 : 자라는 도중에 떨어진 과실. 낙과.(「듣고 있나요 1」)

물한년하다 : 햇수에 제한이 없다. 영원하다.(「흙에서 흙으로」)

던적스럽다 : 아주 치사하고 더러운 데가 있다.(「비우는 일 축복이다」)

답치기 : 질서 없이 함부로 덤벼드는 짓. 또는, 생각 없이 덮어놓고 하는 짓.(「명목」)

몽동발이 : 딸려 붙었던 것이 다 떨어지고 몸뚱이만 남아 있는 물건.(「소풍」)

잦추다 : 잰 동작으로 잇달아 재촉하다.(「바퀴벌레」)

앤생이 : 잔약한 사람이나 보잘것없는 물건.(「연어 2」)

더그매 : 지붕과 천장 사이의 공간.(「이웃」)

이런 좋은 우리말이 이렇게 많이 나오는 시집을 저는 읽어본 적이 없습니다. 미국에서 수십 년을 살면서 오히려 우리말을 더 많이 구사하고 있으니, 절로 고개가 수그려집니다.

송석증 선생님!

오래오래 건강한 몸 맑은 정신으로 좋은 시 많이 써 고국에 저희들에게 계속 보여주시기를 바랍니다. 데스밸리를 주로 노래하고 있기는 하지만 선생님의 시는 참으로 한국적입니다.

마음의詩 24
늙은 황야의 유혹

초판인쇄 2009년 4월 20일
초판발행 2009년 4월 25일

지 은 이 송석증
펴 낸 이 김충규
펴 낸 곳 문학의전당
출판등록 제387-2003-00048호(2003년 9월 8일)

주 소 121-718 서울특별시 마포구 공덕동 404번지 풍림VIP빌딩 202호
전화번호 02-852-1977
팩시밀리 02-852-1978
블 로 그 http://blog.naver.com/mhjd2003
전자우편 mhjd2003@naver.com

I S B N 978-89-93481-20-4 03810